ITER AD

TERRARVM

ORBEM

AVT

IVLES VERNE

SVBVERSVS

T J PRICE

Ab eodem auctore

Iamiam Apocalysis

H P Lovecraft's Herbert West Re-animator
in Latin

revised and updated
© 2023 T J Price

ISBN: 979-8-88955-833-0

CAPITA & POST SCRIPTVUM

QVO VADO?

Ego Axelus, adulescens, Berolini natus orbusque, exheres ob luxuriam parentium ditissimorum, itaque ob penuriam pro opulentia pressus, Hanburgum ad Patruum ii apud eum habitatum. Hic, Lidenbockus nomine, est inquietissimus, iratus perfacile factus, et, ut saepenumero huiusmodi genus se habet, macro corpore, procera autem statura. Praeclarus quidem est usque hodie physicus, qui apud universitatem adulescentes sollertes de variis saxorum generibus gemmisque docet. Sibi minister me fecit et erga me benignus semper fuit, dum facerem id quod vellet, sed aliter quidem nos habuissemus si quando invenisset mihi clam destinavi ut Graubenam, filiam eius adoptatam, in matrimonium ducturus sim. Sed praeter eam exiguum erat voluptatis domi, frigidus intus aer quod salubrem esse putaret, et mensae cuppedia certe deerat, nam cum amylo solo depascebat Patruus et nostri scilicet, tamen cum foris ille cenabat, Epicuri locum rapuerat, praeterea reportabat crebro fama eum iocabundum femellis laetis usi. Sed de infandis non amplius laboremus.

Ille quodam die, dum volumen antiquum, quod est de Islandia scriptum, domum adlatum explicat, charta invenit, qua in exaratae sunt litterae, nugae, ut diu videbantur, donec mihi chartam ostendit et retro esse litteras ad chartam mandasse simul ac vidi intellexi.

Mirans, 'Bene fecisti, mi fili,' inquit. 'Converterene nunc haec potes?'

'Minime.'

'Fortunate mihi non est negoti, quia librum quendam nescio quo scriptum de hac lingua, utente in Islandia, olim percucurri. Sic conversam. *I ad montem quondam eructantem quem Snaefellsum vocant et ibi adspice pridie Kalendas Iulias speluncae aditum ex omnibus aliis ab solis luce unum occultum quod intrabis si volueris ad medium terrarum orbem pervenire. Egomet ipse A. Saknussemmus hoc feci.* Saknussemus! Nonne agnoscis nomen?'

'Agnosco vero, amicus enim mei est is, qui tabernarius vendit altiles in proxima insula.'

'Frutex. Ille vir notissimus fuit physicorum, qui sexto decimo saeculo in Islandia vigebat.' Deinde conticuit, cogitans dum chartam paulisper inspicit, quia aliud novi in mente circumvolvebat, equidem speravi eum censurum me amplius pecuniae merere, cum ex improviso. 'Si rem perfecit is,' inquit, 'nos ipsi eamdem facilius perferre possumus.'

'Nosne? Num ego quoque?'

'Scilicet. Nonne es mei minister?'

'Ita vero, hic. Existunt autem intus terram ministri?'

'Primus eris.'

'Spero autem me minister futurum in posterum, quia regredi potuerimus. Redibimusne?'

'Sperare est rem panchrestam, sed nolo dissimulare periculosum iter fore.'

'Num existimasne perire nos posse, licet rem perferri esse facilius dicas? Nam perire est item perfacile cuilibet, qui montem eructantem intret.'

'Sed times, mi fili, rem suscipere? Nequo credere, nam haud scio an quidquam sit plus honoris et virtutis hic manere, in terra, cuius nulla pars non bene nota est. Sapientissimorum est id reperire quidquid adhuc ignotum sit generi hominum. Sed utut res se habeat, quaeso, quemadmodum victum quaeres, ego sub terra iter faciens?'

Non dubium erat quin, si pauper non fieri vellem, eum comitandum esset. Nihilominus, aliquid usui rapui cum, 'Fortassene,' inquam, 'nobis re facta regressis fore ut, si quando rem fieri poterit, amplam merear?'

'Quid tu? Ah, plus pecuniae vis. Ita usurpabis, dummodo regrediamur. Atqui, ut dixi, nonne minimi faciendum est nobis vivere hic, ubi honorem acquirere alibi possumus?'

'Dic igitur, quaeso, adulescentis est, tametsi approbationem gravioris cuiuslibet hominis appetat, fortasse maximi interesse magis futurum quam honorem obtinere?'

'Maximi honor est semper, plus etiam quam pecunia, sed rem nostram confeceris ambae te adulescente plures annos quam senecte percipientur. Nullum autem addo de vivendo, cum necesse est cibum emere ut vivas.'

Aegre 'ita vero,' inquam, nam nisi Graubena potitus essem, necesse fore, tunc sic ratus, me mori utrum cibum habebo necnon. 'Et quoniam res sic se habet, melius duco nos extemplo sub terra iter facere, deinde igitur, si moriendum nobis erit, illam rem maturius debemus conficere, quam vitam inhonestam longius producamus, at, si aliter nobis continget et bene quod honor poposcit viventes defungemur, quo temperius redierimus eo celerius consilia inire potero.'

'Quaenam consilia?'

'Inter alias, rem penetrare, utinam id mihi concedas, quae natura verecunde occultat.'

'Macte, mi fili. Tenebras invadere volis et voluptatem plurimum dilatare scientis. Per me talem conatum semper erit permitti tibi.'

Postea, cum tandem Graubenam certiorem de his rebus fecissem, statim dixit, 'Vobiscum subeam.'

'Sed ego malim ipse non ire.'

'In tuo loco, igitur, laeta Patri adfutura assistamque apud infernos.'

Ego confiteor, non nego, mihi haud omnino displicuisset si Grauben descendisset et non ego, reputando autem mox intellexi, Patruo auctore, nullum minus verisimile futurum, itaque, 'Equidem,' inquam, 'prius peribo quam Patri talem committere sinam, nam iter erit maxime dubium et formidulosum periculosumque et fortassis peius, et ob id me, memet solum cum eo descendere oportere expostulabo atque nisi impetravero, in ius eum tractabo.'

'Temere autem dicis, cum orbis intestina magis labyrithea quam iuris sint, at, ob eamdem causam magis probabile est numquam vos redire posse, igitur priusquam peius evenat res, reprehendere debeo in eo, quod futura incomitata ego. Melius fortasse conmonere eum erit mihi ne sine parente me relinquat ita ut sordibus contaminor et paupertate.'

Studiose approbavi, praecipue quod sperabam illum, hiis verbis auditis, attentum de rebus quae ad Grauabenae honorem pertinerent, eius propositum dilaturum vel mutaturum. Sed, ut tum oculis meis apparatum est, se quidem non reversurum esse numquam in eius mentum inciderat, id quod non mirer, quandoquidem is illius generis est, quem nihil naturae probabiliter necare possit, tamen vero accidit ut filiae pudicitiam omnibus praeferret, et si forte se non vixisset proximo die testamentum conscribit, ne filiam talem vitam degere cogat fatus, sicut soleat eas, quae multae vias noctu ambulent ubi homines profligati se ipsas emant, in domum monialium feminarum compellatur ubi in aeternum remaneat intacta.

En ut spes nos ludit.

Mox autem nobis parum temporis futurum ut sub monte illo adessemus, quandoquidem ante diem tertium decimum Kalendas Iunias erat, itaque inter paucos dies quae necessaria nobis sub terra forent aestimabamus ea omnia colleximus. Interdum, cum Graubenam Patruo insciente poteram, aggrediebar, et quamquam saepenumero mihi negandum me illum deterrere posse quin iter susciperemus, pollicebar autem eam ducturum cum primum redirem, licet sponsalia facere mihi magis anceps periclitari visum esset quam ad infimos descendere.

Tandem profecti, vehi navi, cuius iactationem tam aegre is ferebat ut saepe cibum evomeret, Islandiam, Reykavikam quod et portus et caput est, post aliquot dies perventum est.

Ibi brevi apud magistrum quemdam devertimus, qui senex multibibus, dum Patruus operam navabat ut ducem idoneum, qui ad montem sub terra quoque nos comitaretur, conduceret, me super cenam multa ad historia Islandiae spectantia docebat. Verborum copia autem eius esse nugas aestimavi, nam confirmatum habuit et troglodytas, qui *Trolli* vocabantur ibi, quae monstra magna essent, atque nymphas, aut *Alfar*, quae esse invisibiles feruntur, infestare insulam et magis perniciosas fuisse nisi Vulcani montes nonnumquam ignem atque magna saxa eructabant, quae monstra illa multa eliderent. Ad hoc attestatus est per oppidum volventes lapides ferventes illa et se identidem fugare. Equidem, cum interdiu solus extra fores ambulans non etiam nypham unam vidi, attamen tempus haud inutile trivi quod quales ibi incolerent, tales cernere poteram, qui fortasse troglodytae esse poterant, et potuisset apti esse conduci ad iter conficiendum nobiscum, nam viri sunt mirum in modum robusti et statura excellenti, item nonnullae viris robustiores sunt mulieres, id quod omnibus ibi commodissimum esse confitendum est, quandoquidem illi vel agricolae vel piscatores sunt itaque quo similius hominum mulieres sunt, eo melius faciliusque maritos, qui operariis egeant, inveniunt, ut saepius se habet ubi duram vitam degere solent mortales, praesertim in Islandia, (aut Snaelandia, ut ibi homines eam vocant), quia etiamsi insula est magna, tamen pars illius maior est nihil praeter saxum, quem nix glaciesque semper tegunt, sed maritima pars est uber, ita autem ut gramen et segetes avenaceas solum sic proveniunt, quoad tempus sinat, aestus enim non diutius est quam ut inter duo menses res florere possint. Itaque, qui eam habitat aut hieme frui debet aut non vult umquam aprici, aliter sane migrare cogitur, quem quidem non agentem opinor simpliciorem esse, quoniam multi naves praesto sunt in quibus ad Italiam navigare haud aegre possint. Putares autem ita dicendo me fortasse Islandios posthabere, sed perverse erres, quod ii qui tam arduam vitam agunt ut pistricem putrescentem esse matteam habeant, num quis est qui eorum minus miseratur quam despectet?

Interim, ex talibus, qui Islandiam patriam vocant et pistricem putrescentem habent matteam, Hansum, virum fortissimum et virium magnorum et generis esset, ut mihi videbatur, qui unus numquam nos in re destitueret, Patruus tandem conduxit. Addo quod is taciturnus certe est, lugubris, quem non plus semel subridere vidi, tamen ingeniosus est et multos libros legente, Biblium potissimum, perbene magnopere cognoscit, exinde Patruus eum rogavit eius sententiam philosophi Saknussemi, ille autem nihil praeter ea dixit, 'Paucas ad eum pertinens comperi et illae sint satis superque, cum omnino non ad palatum meum congruant.'

Cum ea nihil convenit praeter aporiam et adeo ab expectationem diverterunt ut de responso Patruus admiratus non percontari posse videretur.

Tum demum, cibum siccarum, satis ad famem per mensem depellendam, atque alia necessaria, velut funium et harpagones et telarum faciumque satis (paucas autem aquae plenas ampullas, quod, Patruus vir scientissimus talis rebus, nos subter terra fontibus multis fluviisque inventis uti posse) empta collectaque, vecti in mulis cum mulione profecti summus.

Mons ille *Snaefellsus* ad septemtriones vergit. In itinere semitam cepimus ferentem per silvam cuius omnes arbores breviores homine erant, sicut ceterae in insula. Ingentia saxa quoque vidimus, rara sparsa, quae ita fictum erant ut possit homines quondam fuisse, quae senilis magistratus meus, ut puto, *Troglodytes* convertos a luce solis ad saxum vocet. Sed me ipsum ad saxum converti coepere sensi per itineris laborem antequam ad radices, quinto die, est perventum. Deinde sine mora, mulione cum mulis statim dimisso, montem onerati impedimentis (tunc tamquam essemus nos ipsi muli) sudatione et gemitibus ascendimus, ad summam ubi os ex aliquot erat quod unum in umbra ab sole semi occaso facta situm est speluncae, at prope est ut lux solis deficiat, prius quam conspectemus, ob quod igitur inter nos laetos gratulationes proferemus.

Deinde, igne comparato, satis cenavimus ut frigidum ventorum nos noctu excubantes sustineremus. Supini autem, prae gaudio Patruus, cogitans quae infra terram inventuri essemus, ego, metu, quem ad modum redituri, non statim uter somnum capere poterat, sed Hansus, non dissimilis onagro, tam in mente fortasse, ut tum iniuste credi, quam in corpore, post brevium spatium, stertere coepit cum maiore voce quam bucinantis venti nec quidem ceteris spem dormiendi semel reliquit.

FIAT AQUA

Bene mane speluncam intravimus, coepimus iter primo tam praeceps ut, illigatis funibus, nos ipsi atque impedimenta ad lineam summittendi esset, id quod nobis maximum incommodum erat, cum simul funes et faces tenendi essent. Sic ad noctem usque, ut horologium nos certiores fecit, descendebamus, porro vulnera multa e saxo aspro accipiebamus, cum demum, loco aequo capto, multisque nodis ut nos liberemus solutis, ad focum circumsedere possemus sale pisces conditos arrodere, antequam apud crudeles umbras, ad propinquum barathrum cubare.

In dies, qui nihilo dissimiles noctibus erant, carpentes viam qua nos ad inferos appropinquare existimavit Patruus, neque umquam praedixit eius finem, postremo, pensitatus cum aestimavissem, ratione subducente, nos attulisse tantam aquam, quanta modo per duodecim dies nos vitam suppeditaret sed iam sex dies iter fecissemus, Patruum igitur, post semel spatium temporis rapuimus quo requiesceremus, rogavi, quod tantummodo aquae satis haberemus ad reditum efficiendum, quando fontibus occursuri essemus?

'Prope diem,' inquit. 'Quid est negoti? Sitis? Nonne scientes quo modo nos philosophi moderatione agamus, si incommodum minusculum accipiamus?'

'Modus est quoad, quisquis Stoice se gerat. Intolerabilem sitem, ut credo, non moderare potest, nec dolor quivis peior exest, sed patiendum erit prius quam peribimus, si illico ceperimus non altrum consilium.'

'Cedo, igitur,quale sit.'

'Reventum nobis statim, cum nunc satis aquae habeamus, in oppido nonnullas ampullas emptas, iterum descendentes cum aqua completas, per viam singulis earum depositis, millia passuum inter se, tantum aquae sic reliquerimus, quantum, quamvis longe progrediamur, aqua insuper nobiscum portaverimus consumpta, habebimus quam, ut incolume ascendamus, desiderabimus, quia ampullis depositis recuperatis, sitim restinguemus.'

'Sed hanc rem numquam conati essemus nisi Saknussemmus eam prospere perfecerat, nam iter grassatus rediit vivens, alioquin de eo scribere non potuisset litteras a te perlectas, itaque consentaneum est nos aquam nacturos esse. Video vultum, sed equidem tali viro, tamquam fratri mei in scientia, aegre diffidere possum.' His pronuntiatis, ad Hansum conversus, 'Nonne,' inquit, 'Hanse, Saknussemmum virum fuisse sapientissimum, nemo in Islandia est quin sciat?'

Considerans paulisper protervus homo, ut eius mos erat, prudenter lenteque, 'Permulti quidem,' inquit, 'sed ii quoque sunt, qui nonnulli dicant eum multa mentitum esse atque duo oves in matrimonium duxisse, aliam in alia parte oppidi aluisse, aliam Maariaam nomine, aliam Baabaabram.'

Patruus obstupefactus diu, capite dimisso, nullum

verbum emittere potuit. Ego tandem ex Hanso requisivi dicens, 'Quare, si has res ab initio scivisti, libet nobiscum commitare in itinere tam futile?'

'Nego verum esse multo futilius quam cottidie laborare ut sperem me pecuniae satis collecturum ut pistricem putrescentem emam.'

Patruus, e vestigo ad se reductus, exclamat: Se nullum audivisse quidquid tantum ad rem dictum sit. Nobis immo procedendum esse, nam perire, verba Hansi audita, facere nos oportere nihili, quodsi ad Germaniam redeant quivis homines, neque scientiam augeant, potius ineptiarum exemplum praebere, et Sapientiam ipsam perinde ac Deum ipsum maxime pudere illorum.

Hanus, his excitatus, impedimenta in humeris reposita, 'Procedamus,' inquit contentus.

Quid aliter feci, cum solus revenire longe difficillimum fuisset, quam eos secutus sperans Patruum melius habiturum prius aqua defecta et iussurum ad gentes redire? Tamen fieret ut, cum cibus sale desiccatus nos siti permagna adficeret, aqua inter duos dies consumpta sit, quapropter non multo post ego valde laborans, animo demum linqui. Ut ultimum diem clauderem in limine eram, cum Patruus, magna voce, in aurem clamat, 'Agendum, Hansus aquam repperit.'

'Aqua,' inquam, 'ubi est aqua? Da igitur mihi.'

'Famulusne sum? Surge, subsequere.'

Surrectus quidem alacer cucurri longius et maturius illo per speluncam eo, ubi Hansum genuflexum ad saxosum murum, ad quod aurem admovisset, mox apud tenebras silentio auscultantem internovi.

'Quae negotium nunc tibi est?' Inquam, 'Surge potius et demonstra aquam.'

'Nequeo, amice, nam aqua fluens in muro latet. Sed venias et aurem ad saxum applices, aquam certe permultam audies.'

'Num vis me emorientem aquam exaudire nec bibere? Quae res crudelior habetur?'

At Patruus, modo appropinquatus, talem rem poterat praebere, quae res ipsa erat vox eius, quae haec verba eiaculabatur, 'O infallibilem scientiam! Nonne Regina illa pollicitus est adfuturos fontes multos. Sed, quid tibi est? Num renues quid audire possis?'

Tum quidem in rabies incidi. 'Aquam pollicitus, aquae sonitum suppeditas. Quin etiam nihil mihi adfecisti praeter cruciatum. Induxisti nos ut improbo Saknussemmo isto nos peiores fiant propter rivalitatem stultissimam, et tu balatro mei consilium ad vitam servandam sprevisti, sed ego sum qui ne ovem unam quidem ducam in loco mulieris, igitur, habe.'

Lapides adreptos in eum inicere coepi, sed cum mire vitaret, tamquam hinnulus divorse saliens is, ego murum potius perperam petivi, ob quod repente per eum rima agit ex qua magna aquae copia effundere coepit. Me proici, ore aperto, ut aquam sorberem, cum murus omnino dehiscit et, fons flumen factum, torrens me involutum longe devehit. Nunc vero ego, qui siti nuper peribam, nunc ab aqua suffocavissem, nisi casu in ripa, cum proiectum cepissem, incolumis liquida effugi. Vix respiraveram ubi Hansum Patruumque in flumine laborantes conspexi et, manu porrecta, quem mortalem nuper interficere conatus sum atque alium quem non, ex aqua extraxi, Leto arripuit.

'Bene est,' Hansus inquit, 'quod Deus praesens te ad sanitatem reduxit.'

'Magnopere sitire est furere,' Patruus inquit. 'Fortunati summus quod, copia aquae suppedita, fames neque sitis nos excruciabit, nam fames, mi fili, te prius imbecilliorem referet quam ut, insanus rursus factus et rixabundus, lapides in nos inicere poteris.'

'Euge,' Hansus inquit.

'Quid est quod,' inquam, 'famelici erimus, etiamsi multum cibum apportavimus?'

'Impedimenta inter aquas amissa, videlicet cibo deest, quamquam, rem repeto, existimo ea non mersa esse in prono fluvio, itaque ubi secundum ripam ierimus, reperiamus, cum praesertim lucem adest. Ecce, facibus lanternisque, quae sint amissae, nobis tamen non opus est, quoniam permulta lustrantia gemma in muris infixa fulgent.'

Exclamavit Hansus, 'O Domine, aedificator mundi, nonne dixisti, *Fiat Lux*?'

TVLLIANVM REFVLGENS

Ut impedimenta, cibum, omnes quae nos sustinerent, quaeremur, statim profecti summus in viam praecipitem periculosamque, spe brevius sarcinam in saxo aspero reperimus, qua in tamen tela neque cibus inerant, id quod dolore me iam fame laborantem affecit et utrum solus redditurus essem necnon, cum multae copiam aquae nuper paravissem, iam desperans reputabam, sed tandem intellexi, cum in dies comitum vultus fieri macriores viderem, meipsum non satis viribus praefuturum ad me multis miliariis ferendum, quoad ad terram pervenirem.

Iamdudum nemo, cum esuriret, volabat quidquam loqui ita ut non animadverterent quando ceteri me post se reliquissent, sed non timebam ne eos non mox consequi possem, atque adeo laetus eram me ab eos seduci, species enim horridas eorum me prohibituras censui, quominus spatio otiose dormirem ad me recreandum. In caveam, tamquam cubiculum igitur me contulit ut torrentis sonitum effugeret et supinus somnum capio, deinde diu dormio, donec Patruus me subito expergefacit. At non adest, vox sua enim, e loco ubi is me vocat, per speculae gulam procul resonat. Prope autem eram ut responderem, cum conspecto gemmarum adamentearum acervum magnum iuxta.

Brevissimo quidem me res laetificare poterant.

Quocirca enim? Miratus, miserandus, 'Quid,' inquam 'opus est? Immo haec me ditant, dives autem ego ne pisciculum quidem parvum siccum hic emere possim.'

Iterum Patruum me vocantem audivi.

Exinde mature per animum haec verba mea agitabat, 'Is, si has conspexerit, capiet, in sacculo inponet ut cum eis ad rationis praecepta accommodet, sed paucas vendet, sine dubio deinde Graubenae cum nummis curabit ut prosit, non mihi, quae res proposito aequi ac prosperitati meo adversa erit, scilicet enim minus dignus fiam qui vel eam ducam vel vitam commode agam, ut mittam quod pergrande iniustum erit me pauperem, eum divitem, diem obire.'

Ad negotium aliter agitandum ordinavi. Gemmas collectas in veste conditas cubiculo meo discedebam cum Patruo occurro.

'Quid rei tibi in hoc antro erat?'

'Fame laborans erraro, conlapsus.'

'Nimium turpis est quantus imbecillius es, mi fili. Num quis Germanos servabunt, nisi Germani iuvenes valuerint? Tamen, non nego his paucis diebus, antequam te sitis dementavit et esuries paulo excavavit, haud indecore te exercere, itaque nunc tibi plus cibi profecto edendum ut, ubi primus redierimus, tu miles factus utilis patriae fias.'

'Nobis igitur Patriae multum miseret, nam macer magis impediam quam exercitum suffulciam.'

'Bono animo es. Ego et Hansus, forte, copiam escae modo repperimus. Veni. Spero modo noles me te eo ferre.'

'Nonne tecum frustum eius apportavisti?'

'Rursus me pedisequum habes, sed purga animum

perinde ac pisum et contendamus ad carnem, quam Hansus venatus nunc parat ad palatum. Age.'

Contendi? Cucurri. Patruo longe post relicto, secunda spelunca una milliaria itum, obstupefactus sum factus cum ex improviso ad oram maritimam pervenissem. Mare ibi, in quod volvit flumen nostrum, est viridis atque caelum saxeum inlustre est caerulum. Tam ingens haec caverna est ut nubes aerias vias carpere possunt. Cis oram, silvae fungorum, qui tanti sunt quantae apud nos arbores, qui clivosam terram stipant.

Hoc universum admirabar sane ab amoenis praecipue exhilarabar, quoniam hos multos dies Orci manum prensare expecto, cum Hansus in harena sedans me advocat, quod vellet me ignem coquendo alere dum se feram quamdam ab se ferro utente pro venabulo necatam laniaret. Haec fera quae non quanto parvius cane erat, pisci speciei similis, sed pedibus praedits et tam deformis ut stomachum moveret.

'Qualis odiosa,' inquam. 'Nolo eam esse.'

'Sed ea cenae necesse est ut destinetur, cum nihil praeter quam pisces siccos, nunc madefactos ab aqua invenis fetorem ad nares agitantes, quos nostri ventres, certum habeas, despuant.'

Dubius eram, sed, cum ligandi causa siccos fungos suggessissem, carni coquente, odorem gratum nares acceperunt, et perbene accidit quidem quod ferae caro assa adeo erat dulcis ut non prius desinere possimus ea vesci quam omnis praeter ossa consumpta fuerant.

Cum tunc Patruo perventum languescenti et, cum consedisset et respirasset, cibum petivit nequiquam. Spatio tacuit neque quisque alius quidquam dixerunt ante, submisso voce, mihi rogavit ut securi arrepta fungos pergrandes exciderem tam multos quibuscum scapham haud parvam Hansus aedificaret, qui enim est peritus faber navium. His dictis, ego non moratus cum viderem ut paene tota aequitate tranquillitateque indigeret, sed ubi opera faciebam in mente verba eius curatius volvebam, et quo ea pertinerent aut potius quem locum in scapha quavis is peteret me interrogabam. Cum demum munus exegissem et satis ligneum fungorum Hanso fabro, Patruo irato suffecissem expectavi dum aliquid audirem ad rem.

Perpaucas primo gratias egit continuavit dicere, 'Factum optime. Mire quanto reficit te pabulum. Nuper vix stare posses. En tantus iam vales, ut opinor, ut, ubi ad terram nobis reventum fuerimus, suscipiam te ad stipendia merenda, nam, ut dixi, Germanis semper opus erit milite valido strenuoque, eo etiam qui ad vim proclivus est item qui in priscis temporibus *Berserker* vocabatur. Sed super hoc alias, nunc alia exagitanda, ii igitur venatum ne, copia satis non habentes, nos navigantes prius ego fame peream quam litus alium tetigerimus. Abundantiam videre volo. Interim ego Hansusque naviculum aedificabimus.'

Hoc propositum ad mare viride navigandum, accipio neque censeo utile futurum illico de re responsum facere, itaque silentio securem ferens raptam in silvas me recipi. Frustra autem per multas horas aliam piscem deformem pedes habentem quaerebam et, peream egomet si mentiar, quod nolui per me accidere ut Patruus vim vitae amitteret, nihil praeter boletos minutos poteram invenire, qui autem saporem non asprum habere videbantur, atque eos collectos regressus, ei praebui, simpliciter dicens, Venationem frustra egisse, id quod meae quoque gulae maestum esse, sed melius frumentatum et in praesentis hii satisfaciendi.

Accepit. 'Fames,' inquit, 'non audere potest cibum quemlibet reiicere. Tu deficis, non confusionem libitae nostrae accipiemus, nam ecce navicula modo confecta. Reliquit nunc ut proficiscamur.'

'Tibi immo quidquid videtur,' inquam, 'sed dum per silvas ambulabam, mirabar quare nobis esset navigandum, quia usque eo iam pervenimus ubi Saknussemmo fuit consistendum, quod propositum solum nobis semper est.'

'Scire id nullo modo potes '

'Scio id cum is solus non potuisset navem navigare, nedum aedificare, num enim Hanso artifici necesse est ut utaris etiam tu? Nonne Graecorum dictum est, *Unus, nemo*?'

'Verisimile dicis, at non satis habendum est, ut sentio, huc perventum neque nos amplium facere iter quam Saknussemmum fecisse. Num ubi possumus, non nobis opportet excedere eum?'

'Non iam flocci quid iste perfecisset facio, nam neminem probabiliter in futurum excedam si stipendia merere coactus erim.'

'Praeter rem dicis.'

'Minime. Hoc ad rem est ut mare incognitum transeam et fortasse supersim, ut proelio interimar. Illud non omnino admodum est ex mea sententia et igitur hic manebo. Modestia, quae militem cohibet, nondum me impedit, neque umquam. Hic in acta lepida iucundaque tugurium extruam, curis vacuus ero dum pisces deformes feliciter petam, esca vescar hilaris, vitam suavissimam exagitabo, quoad vobis reventum erit, si quando, sed etiam si iuvabis deinde supra emergere, praeterquam quod non militabo, comitare non placet.'

Mirus, 'Quid,' inquit, 'novae rei est? A navali duce descivisti antequam naviculum ascendis. Scurra. Intra.'

Ego, 'Quid rogas?' Magna voce respondi. 'Num detineo quin naviculam solvas?' Securim ventilans haec addidi, 'Valete, comites, date operam ut bene vos geratis et salubres vos contineatis dum remigium agitetis.'

'Dicax es, aut consulto inscitus.'

'Itane?'

'Quippe bene scis, id quod ante oculos sit, hanc triviralem naviculam esse.'

Hansus, qui semper tamquam si iudex esset se gerebat, nunc item prolocutus est, in hiis verbis, quae plura erant quam ea hos multi dies ex ore emiserat, 'Uterque, quae volat, ea cum alio adipisci potest. Exinde aliquid fiet. Si aliter vobis eveniet, neuter, nihil.' Nos obstupefactos et tacentes observavit, addit, ne stultissimi essemus quam ut quamobrem verba ut valerent videremus. 'Nonne apud Thucydidem legimus quamlibet navem, ut, ex hominibus praesentibus facta esse, non modo ex fungorum stirpibus?' Ad Patruum conversus, 'Domine,' inquit, 'sequitur ut utrum omnibus nostrum hic manendum sit, an te ad iurandum agas ne fratris tui filium ad militiam ire cogas. Hoc facto, utrumque aliquid utile lucrabitur.'

Patruus primo furebatur in pluribus, postea longus

deplorabat, multaque, quorum quandoquidem nuga erant, nullam memoriam teneo, effudit, tandem autem Hanso et Deo testatis se iurare ut quam libertatem peterem mihi sineret. Continuo autem mihi, 'Commodius quidem Germanorum exercitui erit te non accipere, licet, ut exploratum habemus, in lapidibus coniciendis praeemineas.'

Salis ictu concitatus, 'Sed noli negligere,' inquam, 'rursus iurare ut tu mihi ministeri plus manupretii des. Ubi primum Berolinis fuerimus augebis una quinta quod mihi datum singulis mensibus. Si non, nil curae mihi quod hinc nates '

Pavum, immo nihil, quae tum audissem cum Patruus responderet, iam narrare debebo.

Tunc tandem cum bilis et fel ex animo eius missi esset et me esse satisfactus dicere possem, et nos omnes ascendissent, naviculum est solutum. Insolitum erat, ut nunc censeo, sed numquam quaerare tunc in meum mentem cecidit, 'Quorsus?'

DE FVNGIS ATQVE HOMINIBVS

Ego Hansusque remigabamus dum Patruus nescio quo modo navigabat, quem esurientem post multas horas tandem oppressum fame animadverti minutos boletos a me collectos incipere silentio manducare. Ego coepi mussitare. 'Ecce,' inquam, 'laboramus nos, is epulatur.'

Hansus autem, 'Cur est quod queraris? Praetereo quod tibi cessit cum armis libertatem tum plus pecuniae, plus quam utique mihi laboranti mari terraque fatus. Ceterum, nonne nobis maxime convenit ut suum cerebrum nutriat?'

'Cerebrum eius nobis satis mali iam dedit, ob eum, pessum habuimus nisi flumen invenissem aliterne exspiravissemus?'

'Amice! Expiravissemus ob missiles lapides, nisi in tempore invenisses aquam.'

'Demens tum, non nego, iamiam sanus factus sum, sed demens is utrum aquam habet necnon, quonam enim abimus? Et num quid ibi inveniemus, si quando usquam advenerimus?'

'Noli sollicitari. Ego equidem puto eum videri scire quo eamus.'

'Rogavistine eius sententiam de re?'

'Importunus non ero ei, quivis mei navarchus sit.'

'Navarchus? Cerno istum dormire. Nonne vides eum diu iam omino non movetur? Quonam dormiens gubernator navigabit, et nos ipsos secum?'

'Eum haud diversum esse Socrate, existimo, immobile taciteque cogitare et prima verba ex ore fore, *Ecce, litus.*'

'Eum primum non verba emissurum, praedico, at fore ut stertat. Siccos pisces meos spondeo stertendo.'

'Atque meos eis, quae dixi, verbis.'

'Rem igitur pepigimus.'

Loquendi finem fecimus et opperiebamur dum, quod alterutrum futurum sperabamus, id foret. Non brevio spatio intermisso, Patruus surgit, ululat, conversus est, oculis prominentibus per diversum exspectant, et apud nos contionem incipit habere, cuius memoriam abolere numquam possum.

'In oppido,' inquit, 'ubi sum natus, quidam habitabat, qui in mare navigavit, qui nos docuit de vita in terra urinantium navium. Itaque in solem navigamus dum mare viride reperimus ac vitam sub fluctibus agebamus in nostra nave urinanti flava. Nos omnes in urinanti nave flava habitamus, urinanti nave flava, urinanti nave flava, nos omnes in urinanti nave flava habitamus. Iam amici nobiscum vehuntur, multo alii sunt vicini. Nunc bucinatores incipiunt canere.' Hoc in loco Patruus sonitum exagitabat sic, *rumpa, pumpa, pah, pah, pum.* 'Nos omnes in urinanti nave flava habitamus. Dum otiamur, cuique nostrum sunt, quae omnia desideret, caelum caerulum, mare viride, in nostra urinanti nave flava.' Abrupte conticescit. Os exsanguis fit et oculi e vitrei fieri videntur. Deinde ilico delapsus iacet, neque se movit neque quidquam plus loquitur.

'Amice,' inquam, 'neuter e sponsione lucratus quia

iam qui nos in capitis periculo posuit, animum effluxit neque occinit quidquam a nobis sperantibus, sed religiosum, quoque optimum ob salubritatem, est ut cadaver mari statim commendemus.'

Corpus, pedibus prensis, coepi ad proram trahere.

'Noli sic festinare, Amice,' inquit Hansus, prenso capite, in alteram partem abstrahere coepti, ita nostrum uter ab alium trahebat, ut cadaver in eodem loco maneret.

'Dimitte, Hanse.'

'Sed arbitror eum vivere. Ne tantum facinus committamus.'

'Medicusne es?'

'Num tu es?'

'Celsi libros legi. Decerno eius cor ob nimium studium ambitionemque defunctum esse.'

'Non opus equidem mihi Celsi libris est, rem enim non perperam his occulis vidi. Opinor eum fungis editis mente lapsum, somno capto, ad sanum reductum tandem haud secus experrecturum.'

'Num etiam antea sanum fuisse existimas, dico, prius quam fungos adedit?'

'Non insanius est illis qui permulti rem publicam ineant.'

'Sed illi quoque sunt qui idonei in mare iniectus sint.'

Nunc inpensius altercabamur sed simul ac cum colaphis res solutura erat, belua tum audimus rudere. Nos perterriti, corpore dimisso, eam prope nave cessantem recumbentemque inter fluctus ludentem conspeximus. Monstrum horribile, balaenae corpus, caput et collum anguis immensi, habuit porro dentes longissimos qui spissam veneram viridem stillabant. Obstupefacti, non statim nos movimus, sed antequam arma rapere possumus, alterum haud dissimile, praeter quam quod caput crocodili ei erat, sine collo autem, dentes longissimi similes gladiorum. Impetum monstrorum metuimus, donec libidinose inter se dimicantes vidimus. Tunc Hansus, ex improviso, cum illi pugnantes propiores nostris essent, hastam adreptam in eas adiecturus est.

Ego verens, 'Amice,' inquam voce alta. 'Manum retine.'

Conversus, 'Quid dicis?' Inquit. 'En, unum nos per mensem perbelle enutriet.'

'Artius respice. Ludibundae inter se quemque beluae tractare videntur. Equidem reor has non pugnare sed lasciviunt, et amicas esse. Aut potius, amantes fortasse.'

Hansus, his attentius perspectis, abnuit sibi, rarissimo risu, 'Bene dixisti,' inquit. 'Difficile est Deum eis vitam permittere in terra nostra, ubi ut accidit non summus, non nego, sed, cum Ille omnibus imperet, mihi putandum est ut ego per voluntatem Eius inscrutabilem huc veniam ut monstra ob facinora perversa puniam.'

Is rursus hastam intendat.

Ego, 'Intervallum,' inquam, 'mihi des, obsecro antequam ictum inferas.'

'Dicas, igitur.'

'Nonne Deus misit angelum super maximum, Sanctum Michealem fortasse, qui praeconatus sit ut nos, alius alium amemus? Veniam demus ita ut veniam speremus? Ignoscamus perinde ac nobis ignoti simus? Ad hoc, sui terram nos ipsi intravimus, nonne est, et cum aggrediantur invadentes deberent, mite accipimur. Dimittunt debita nostra nobis.'

'Sed Deus haec verba per Archangelum dixit hominibus, non beluis, et recordari debes homines finxisse ut similes sui essent, haec autem nihil similes hominum aut Dei. Praeter haec res, Ille iubet nos animalia, vel in aere, vel mari terraque dominare.'

'Nullum dixit de subterraneo loco.'

'Verum tamen Deus animalia ad palatum nostrum aptare videtur, eius compertum nuper habuimus in ora. Item se habet in terra nostra, Gallinas enim fecit, quae nobis carnem ovesque pareamus.'

'Gallinae praesto sunt ibi. Ha animalia autem hic Ille ponit, ut ab hominibus arceat et ea incolumes sint.'

'Belle arguis, at nonne est apertum quod huc venire non possimus si Deus non sinet. Fortasse haec fera ordinat ut nos visant, ne fame oppressi simus, idcirco facinus sit nisi unum, aut quidem ambos interficiam, sed unum in praesente, dicamus, utramne igitur fore sapidissimam censis?'

'Quin utraque sapidius sit non dubito, sed, ut dixi, amicae sunt. Altera necata, alteram, nonne sentis, in nos bellum moturam esse?'

'Aisne tu?'

'Certum habeo. Perinde ac homines omnes sunt fratres, nonne beluae?'

Diu quidem Hansus de his verbis cogitabat, cum exclamans, 'Itaque ambos petam,' inquit, 'Deinde reperiemus quibus Deus faveat, vel eis vel nobis. Sed video ut plures velis, sed nullus finis est sermonis huiusmodi, tamen si per conatum nostrum exstincti erimus nos, aut contra ea, denique controversia tolletur. Nonne est quod est? Taceas igitur quaeso et telo rapto adiuves ad eas necandas.'

Hoc dicto, conversus, at iamdudum beluae summersae e conspectu evaserant, nec quaequam praeter bullas reliquerant.

Ego, cum hoc animadvertissem, corporis capito comprenso, 'Spatii,' inquam, 'satis ei dedimus ut se revivere posse probet. Nunc quam celerrime in mare iniiciamus eum pro esca gulas monstrorum pervellat ita ut se rursus praebeamus nostris armis.'

Hansus comprendit cadaver pedibus. 'Numquam adducar ut id committam.'

'Frutices, quid nunc agetis?' Inquit Patruus magno voce.

Uter, eo cum horrore dimisso, ego mirans, 'Tu dormiebas,' inquam, 'igitur nos te in meliore loco posituri, nonne id erat, Hanse, quod gesturi summus?'

'Dixi eum dormire, amice.'

Patruus surrexit, circumspexit. 'Quid est?' Inquit, 'cur non remigatis?'

'Quia,' inquam, 'navales dux non ducit.'

'Ab oculis capti estis?' Prospiciens, digito demonstravit insulam, quae haud procul aberat. 'Ignorabo ignavum, hac lege, ut remigetis ne plus dicatis. Agete dum ad litus illuc. Altera, quam modo repperi, terra protinus est exploranda.'

BELLVM IN INSVLA QVAM VAPORES INCOLANT

Insula cui appropinquabamus aspectum saxosum infecundumque praebuit, qua in e compluribus stagnis in multis locis sitis fervefacta aqua certis temporibus alta in aetherem agitabantur, ex quibus vapores sunt facti et nubes, quae in caelum huiusmodi prius in ora nobis visae erant.

'Ecce, Domine,' inquit Hansus, 'adsunt in insula, quae multa tu sapientissimus doceas eos, quorum animi saxorum indocti sint, quoniam scientia hic permagna aucta, quocirca tu multo super eos sublevare possis.'

Patruus contra expectationem, nam avidus est profecto famae philosophicae, cum deberet Hanso acriter ambienterque respondere, mihi, magna voce, 'Conspicisne,' inquit, 'illum cancrum ingentem?'

Forte erat ut simul ac illam belluam conspexerim, quae bis tantum quanto homo erat, cuius oculi in singulis *ommatophoris* sustinebantur, qui protervi nos studiose observabant. Admirabar autem quod aliquid magis quam saxa delectavit Patruus. 'Video,' inquam. 'Quale monstrum.'

Urgens, 'Mi fili,' inquit, 'Scis me scire beneficium reddere. Nonne ego sum qui iam e militia te exauctoratus et plus pecuniae promissi?'

'Immo horum semper memoria tenturus sum.'

'Bene dicis, ergo nunc aurem mihi curiose praebe, promittam enim manipretium quinquies plus quam nunc accipis, et feriatum longius tres diebus intra annum quemque, eo magis cum femella tua sis, atque ob meam beneficiam fortasse satis pecuniae habiturus ut eam marites, at illa omnia modo percipiantur dummodo securim protinus sumas proficiscarisque ut illum neces et integrum adferas quo cenare possim.'

'Sinasne me maritare? Quamvis deligam?'

'Est quid ad me attineat? Sino. Abii.'

'Attinet, Patrue, nam femella quae mihi maxima cara est … est Grauben.'

Remum acriter arreptum per buccam mea in ventrem intrudere conaturus est, sed Hansus retinuit quin facinora eveniret, primo vi, deinde ratione: Tres remos solos habere nos, neve perperam faceret, quod tanto sonitu cancrum territum posset effugeretque.

Patruus ad se reductus brevior spe quod carnis carceris proclivitatem praecipue habet, ad hoc fungi consumpti famem tam intolerabilem iniecerat, ut mentem obrueret, existimo igitur eum insaniorem tunc quam umquam prius fuisse et cuivis quidquid promitteret, qui cancrum daret.

Tandem per os haec verba aegre exagitavit. 'Affer beluam. Si facias, dummodo medici qui dementiae student te esse sanum comprobaverint, rem maestam patiar. Sic, Hansus testator, polliceor.'

Tunc condicionem imminuere cunctando nolui, profectus nullis verbis datis, cum hoste conserui. Iterum ac saepius eum percutere conatus sum. Ictum quemque autem is altro bracchio praeripuit, alteroque me pepulit adeo acriter et callide ut, compluribus vulneres acceptis, ab inito deturbarer et saepius retro cederem quam incursum facerem. Is ingeniosus adversarius, ego magis expetens quam peritus rei belli, haud aequaliter nihilominus diutius pugnaretur nec procul erat res quin ne superfuturus quidem essem. Comites mei permagnis vocibus clamabant, alias Canerem alacrem conviciis consectabantur, alias me incitabant ut strenuius digladiarer, sed ob sibilum praeferviduorum fontium, pauca verba eorum exaudire poteram, dum ea Patrui clamantis, quae erant, 'Memento navem esse triumviralem, fac igitur ne is necet te.' Ilico tunc delapsus sum ante fontem, in quem is vafer me retrorsum gradatim agebat, me casso, is nimis avidus temere progressus mihi supino ultimum ictum daturus, cum ego potius ictum meum secure immitto et alterum hostis bracchium forte praecedo. Quo facto, surgere poteram et eius alterum facile repellere neque aliam vulnerum patior. Is fortus non dubitat quin me repetat, tamen nequiquam, nam cuique singula arma nunc est et propius repentino Cancerem, animo confirmato, invasi et secure ultimum diem eius claudere tempto, at is, quod inaequale certamen nunc sit, ei peritissimo placuit quam celerrime pede referre et priusquam consecutus sim se in rimam magnam inseruit ubi facilius, bracchio uno contra me praetenso, se adeo defendere posset ut non proelio finem afficerem, itaque, ubi hoc intellexi, virtute integra non festinans discessi.

Patruus, praecisum bracchium rapuit, secessionem fecit, in fonte aestuanti hoc coquere coepit, interim cum Hansus me cum fasciis mederetur, submissa voca dixit a Patruo se vetitum esse cum tela succurrere.

Duos navem agitare difficile, unum impossibile fuere.

Hoc erat quod non e mente umquam probabiliter excideret, sed eo tempore nimis laetus sum, cum viverem, quam ut eius probrum aegre gererem, malui quidem de bello agere.

'Nullo modo,' inquam, 'profitear me militem esse, atqui nonne vulnera mea sunt adversa? Nonne eum aggressus qui duplicis armis erat?'

Mihi is: 'Et multo amplius corpus tua habet, atque cervice caret, quod ei multum prodest, hoc tamen dicto, oculi illi in summis suculis sedent, quos opportune petere potuisses.'

'Naufragum perquam facilius intueri est in ora consedens, Amice.'

Altercatio nova non crescit quandoquidem tunc maxime ambo forte conspiciunt ut Patruus, bracchio canceri coquo, saxoque fracto, carnem dulcissimam incipiat pasci, qui sugens tantum modo semel ex edendo subsistit ut lamentaretur, 'Utinam butyrum nobiscum apportavissemus.' At non prius magnam famem depulisset, quam, licuit nobis satis carnis relictam sit, ita ut ego Hansusque sine nimis egestate gustare possimus, cessit repletus.

Ego, cum ultimam ofellam abrosissem, 'Patrue,' inquam, 'putasne in media terra nunc nos esse?'

'Verisimile dicis, mi fili.'

'Liberati igitur summus qui domum revertamus, ubi quantum butyrum emere poteris tantum te cupies.'

'Utinam, sed nummis abutar ob te, cui quidem butyrum praeopto, etiam pro genere. Ceterum, quoniam ad mediam terram pervenimus, nonne putatis maximam gloriam attingere erit nos in Iaponica invenire?'

Hansus tamquam sancta erant verba, 'Iampridem,' inquit, 'Iaponicam volo videre.'

Haec verba neglegens, e Patruo acerbissime rogans, Exclamans, 'O delirationem,' inquam, 'quid est cur ad Iaponicam iter fore nobis faciendum nunc nec prius subito destinas?'

'Pro Diis immortales. Nonne in aperto hoc est? Ibi multi montes ignes siti sunt, uno invento ex iis non flammeo sursum emergentes superficiem quaerere conabimur. Quin noli stomachari. Filiamne aequus ego tibi iam spepondi, quamquam cancrum non interfecisti adeo atque tantummodo partem unam eius mihi ostendisti?'

'Sed ille ipse erat qui pedem referens se conderet quem non appeterem. Videlicet me rei pudere non opportet.'

'Nihilominus duco meam filiam non esse quae volat cuiquam nubere praeter eum qui cancrum totum integrumque in mensam apponere possit. Sed, hoc vitium nihil ad rem erit, ut opinor, si tu nobiscum alteram viam ad Iaponicam reppereris, deinde igitur bonus vir fies et ob famam depellere potes tuam paupertatem sordesque evitare.'

'Quod si hanc viam numquam repperimus, quid fiet?'

Antequam Patruus commentari poterat quid responderet, 'Si res sic habuerit,' Hansus inquit, 'poteris, eadem via reditum, hostis alterum bracchium praecidere, et praeclarum escam nobis apparare.'

Ita Hansus iterum alterae parti faverat, exinde intellexi non posse fieri ut rebellarem, cum esset haud

habitabilem oram, in illa insula manere fuerit maxime
asperrimam vitam agere et perferre, praecipue Patruus
et proditor quoque necesse esset manere (quia
navicula non erat aptus qua in minus tres navigarent)
ergo meam partem cancri minuissent.

Exasperans, permagna voce, 'Hoc,' inquam, 'solum
consentaneum est, ut discedamus continuo ut
Iamponicam invadamus quo maturius navem nescio
quo modo adeptam postremo inde ad Germaniam per
fluctus infinitos agitemus.'

Patruus, 'Dictum optime,' inquit. 'Quin ad iugum
vos conferatis.'

Naviculum, egomet gravanter fastidiosusque,
ascendimus et solvimus, sed languens ob vulnera non
aequaliter Hanso remigabam, ita ut navem non modo
non promoveremus sed etiam nos reversaret et
secundum circulum legeremus. Patruus, hoc cognato,
clamorem sustulit et inquit, 'Tu est pessimus navita
quem ullus umquam conducere potuit.'

'Non satis laboro? Erras. Nam omnino per te stat,'
inquam.

'Quid ita?'

'Quod tu remum meum voraturus. Sic.' Surrexi et
remum in animo certe habeo per os pellere, cum et
Hanus me retineret et quoque cancer quiddam, qui
unum bracchium habuit, en, in lito insulae comparet
atque saxa magna ad nos intendere incipit. Deinde
egomet Hansusque summa vi remigabamus ad eo ubi
ex comminus essemus atque tuti, quamquam
antequam hoc locum adepti summus, saxi laeserant
navem. Hansus, cum primum respirare sine aegre
potest, monet nobis reperiendum fore ubi eam

reparemus cum ligneo fungorum, quem se, providissimus sane homo, adportaverat. Consilium hoc est captum ut secundum oram navigaremus ad liberum cancris omnibus locum versus et ibi ego Patruus vigilaremus dum Hansus operaretur.

Attamen haud multo progressi summus cum necopinata tempestas oritur et citissime magnum mare tumet et grandibus fluctibus circumdamur, atrae nubiles caelum turbidum faciunt, fulmina ora nostra terrore plenos illustrant. Confiteor me Patruum tum e nave exturbare in animo me habuisse, nec feci, etiamsi iustissimum futurum fuisset, quoniam is nos in tale periculum iniecerat, non quod nollem, sed quia extimui desistere puppem comprehendere ne fluctus vi moleque me submoverent iniicerentque in liquidam. Per multas horas perterriti expectabamus dum Mors laborum nostrum finem faceret, sed post nescio quot horae navis in litus aliquod eiecta est, illico in silvam conferimus intusque praesidio permagnos fungos habebamus nec multum post tempestati substituitur serenum caelum.

Ubi primum Iuppiter destitit, 'Ecce,' Patruus inquit, 'novam terram iam repperimus prius hic quisquis umquam ambularet, in aeterno ignota hominibus, certe tempus est igitur eam explorare. Antea autem eamus ad oram navem inspectum.' Dum autem ambulabamus, addit haec, 'Nonne, mi fili, te pudet te velle domum redisse cum nunc talia nova miracula videre potes?'

'Ita, ut dicis,' inquam, nam erat dei magnopere defessus sum. 'Putasne iam sub Iaponica summus?'

'Esto.'

'Sed vexationem evitemus, nonne id est, si sub Iaponica esse nobis sufficere ducimus et nunc statim petendum primum litus esse nobis?'

'Quid autem si via commodissima inventa perfacile Iamponicam appropinquabimus et mox attingamus? Arduum erit ascendere eodem quo descendimus.'

Sciente autem respondere poteram. 'Geometria circuli iubet circumferentia longius esse diametro, ergo celerius navigare poterimus per globum quam circum ab Iaponica ad Germaniam, ad hoc praetereaque qui Iamponicam incolunt, Samurai nomine, proclivi sunt abs parva exacerbatione tenuissima ob alienorum rusticitatem (et eis inurbani nos ipsi esse videamur) eorum cum uno ictu capita e cervicibus cum gladiis eximine praeactuis tollere.'

'Sed olim perlegi librum de Iamponicae lingua, itaque, si quis iniuriam in te faciat, quod scilicet in eum dixeras, ex eo, qui ius ibi dicit, compensationem repetam.'

Dixi, quanta pecunia? cum tunc, ad oram perventum, Hansus primus conspicit vestigia in harena impressa et molliter secumque reputans his verbis rem ostendit: Illa pedibus nostris respondeant?

Illis inspectis, 'Recte iudicas,' inquam. 'En comites, ad eumdem inde profecti pervenimus.'

Patruus, compertum cepit et incensus in nos conversus, 'Quales navales estis?' inquit. 'Per vos numquam nos Iaponicam videbimus.'

Sic exprobratus, usque eo Hansus venit ut tunc demum ab homine exacerbatus diceret. 'Quid ais?' Inquit, 'Tu in vitio es, et iniuste in me aut etiam puerum dicis, aliter autem in mare, sed si rem satius in mente metatus es, id potius in culpa est, porro mentionem auribus omnibus aegre affero, quae est ubi primum mare istum visum nominavisse nomine tuo. Nunc egomet ducere nos nullum insolitum id putere debere, cum *Mare Lindenboki* non aliter quam tu ex improviso saeviat.'

Admirans, 'Patrue, non audivi,' inquam, 'ut tu mare nominavisses. Sed num primus id vides? Nonne *Mare Saknussemmi* nomen esse opportet?'

'Praeter rem id est cum Saknussemus nullum verba de mari fecisset. Sed Hanse, iuste a te exprobratus sum, et ignoscere possis si harum rerum memoriam habes, quae sunt numquam destitisse nepotem me vel lapidibus pessum dare, vel fungis conficere, vel remo ferire, vel e nave expellere. Serenius fiam, aeque ac mare mea, si modo eveniat ut humanitatem praebeat se et nonnumquam mihi pareat. Si paruisset, nonne verisimile sit, potuissemus Iamponicam iam visitare.'

Hansus, 'Aliquid dicis,' inquit, 'cum Iaponica nunc tam procul est quam antea,'.

Ego. 'Quid? Tempestatine iam oblivisceris?'

Hic mihi, 'Sed mature praecessimus si pauciora mora fuissent, id dico quod infestas res istas vidi. Tristitas est Dux sic tractari aspicere, etiamsi subinde truculentus est. Tamen sentio minus esse truculentum si plus modeste te gerras.'

'Amice,' inquam, 'iniuste sentis cum aestimare debeas me irritatum fuere propter sitem, famemque, ad hoc rabies illius anterior mea est, quoniam sitem famemque in me inflixit perinde ac in te, quamquam aerumnae tibi minus est contumelia eius.'

Dux mite quidem Hanso, 'Item,' inquit, ' et saepius

quoque angabar ob nepotem obstrepentem et contra morem obstrepere incipio et egomet dolorem gerro si id offendis.'

Rursus non est omnino placatus Hansus, cum, ut opinor, commonitus esset a me, contumeliae. 'At fortasse,' inquit, 'Deum offendisti, quod nepotem, quamvis sit malum, aequo animo pati non poteras, sicut sapientissimi sit.'

'Quid dicas si Mare Mare Hansi nominemus?'

'Dicam *Mare Saknussemmi et Lindeboki et Hansi* iustum rectumque futurum.'

'Praeclare pepigisti rem, amice. Ecce navem paulo fracta. Quaeso, sarcias eam, dum ego filiusque ad bestiam venandam, non ad boletos carpendos, per silvam nunc vadimus.'

Furens sed vultu dissimulans tranquillo, licuit exsangue, 'At,' inquam, 'displicet quod omittor dum pacem inter contentos conciliatis, ratio habenda ad me quoque pertinens recte poscitur.'

Patruus, similis *Maris Saknussemmi et Lindeboki et Hansi* aestuavit tam subito, quam subito tranquillavit, nisi quia opprobrii Hansi ad articulum temporis reminiscebatur, iram retinuit, spirito ducto, submissa voce, 'Cedo,' inquit.

'Ad Iaponicam ultro ibo, dummodo satis nobis copiarum inter quinque horas proximas comparemus ne, cum fame diu laboravissemus, ubi nobis ad Iamponicam perventum sit, morti delabamur. Sed contra, eadem lege, ventribus munere non perfuncto, ut terram superam statim redeamus qua via descendimus.' Cum tunc Patruus verba interponere conaretur, manu surrexi. 'Taceas, quaeso, puncto.

Polliceor, si evenerit ut non cunctantes redeamus, me filiam tuam non ducturum nisi factus erim dives inter septem dies post nobis reventum.'

Obstupefactus, Patruus primo me longe intuebatur, deinde metum fricans quo melius multa in animo singulatim ageret, denique sibi est locutus. 'At, re male gesta, quanto de spe decidam, sed quod filia bene mihi erit curanda, nonne bene pariter acciderit? Malum quidem sit, re bene gesta, mea cara nubere insano, nisi, quamquam haud est verisimile, locuples erit, ita ut, optime medico utatur, mens reficiatur, sed etiam haec anceps fuisset. Quale nodosum.'

'Domine,' Hansus inquit, 'Nonne talia melius a Deo decreta? Quidni consentis cum insano divite, dum is modo iuret se poenas Deo daturum, ut maxime crucietur quidem, si quando filiam mala affecerit?'

Reputabam, demum, 'Iuro,' inquam, 'Deo audienti.'

Patruus plane negare voluit, nisi fallor, ob diffidentiam, tandem inquit, 'Fiat, ut dicis.'

'Nonne id est iam,' Hansus inquit, 'universo laeto esse?'

Ego Patruusque, 'Putares,' inquimus.

TERRA IMMENSI PVERVLI

Post ea, quae supra retuleram, ego patruusque, Hanso naviculum sarciente, profecti, dum longius in silvam quam prius penetrabamus in colloquium venimus.

Ego, 'Quomodo,' inquam, 'Germaniam ab Iaponica repetemus, cum nihil pecuniae habeamus?'

'Rem apprendi. Item in Islandia, populi ibi piscibus vitam suam sustentant, Hansus piscator, peritus intestines piscium evellendi, facilius munus lucrosum repperiet, egomet sciens discernere optimas gemmas, hanc iam rapui, ecce.' Deinde carbunculum minutum exprompsit quod parvi aestimavi sine verbo, sed is continuit dicebat, 'Et magno vendam.'

Quandoquidem ad me pertinens nil mentionis fecerat, requisivi, in quos in Iaponica me vertare possem, mihi respondens, 'Cum,' inquit, 'pecunia ex Hanso meque acquisita te saginabimus ut luctator fias perquam obesus, quem ibi *Sumo* vocatur, famam atque divitias consequi possis, deinde nos tres tandem satis corraserimus ut navem conducamus causa ad Patriam nostram navigandi.'

Sed simul ac verborum finem is fecit, prato occurrimus quo in ingentes elephantos hispidos frequentare vidimus, condidimusque perculsos nos ut tuti prospiceremus et ferina consideraremus, perplexum autem erat concilium capere ut unum aggrederemur necareque nisi ceteri exitiabiles in nos irruerent. Atque adeo, illi minutis boletis pasci, adspeximus, exinde Patruus, 'Consimiles sunt,' inquit, 'illis quos pro alimento mihi apposuisti, quo ferociores sint, fortasse, utique, spero illos me non tam villosum facturos.'

In eo eram ut dicerem: Eum non dedecere fieri aliquem quem *HIPPY* vocent, cum homo immanis, nudus, pedum gerens quod tam magnum erat ut cum eo elephantos facile tractaret, pastor enim erat eorum, pratum introiit. Consternati eramus, licuit nos iam condidissimus post inter humiles fungos, sed refectus primus Patruus susurrans, 'Talis homo,' inquit, 'nobis adiutorem maxime fore, fortasse, aestimo. Vide ut audaciter se gerat. Ei, haud dubio an iter ad Iaponicam nullam consternationem sit.'

Susurrans egomet quoque, 'In nave,' inquam, 'numquam se accomodare possit.'

'Gigans is magnam nave, Hanso adiuvato, facile prompte componere potest. Inspice corpus eius lacertosum. Saxum quodlibet nobis obstans in via ad superum removere potest. Uno pecore mactato, famem per menses depellere possimus. Perventum fuerit ad Iaponicam, is praeclarum luctator, *Sumo*, evenietur, magna haud dubie pecunia nobis procuratoribus destillabit. Constituo igitur accedere et persuadere ratione.'

'Mane, quaeso. Magnificum corpus, cerebellum parvum, nonne semper ferunt? Eum e more a ratione non commovere censeo. Fac ut tu is sis. Pumilio tibi nos fuissemus, ut quidem nunc sunt nos ei. Despiciet, id credo. Forsitan, barbarus, cum manifesto procul ab humanitate hactenus vitam peragat. Si non amicus fuerit, quid igitur fiet? Noli oblivisci Polyphemi et animi eius. Nostra carne non forte displicere vesci. Nos multo maioris saporis esse elephantis perperam putet.

Cum praesertim, duos oculos, uno plus quam ille, habet, quo melius videre possit nos delicatos esse. Sed fingamus eum multo amiciorem nostra spe, nimis quidem amiciorem, salacem, quomodo absterreamus, imploro, quin is praeter modum lacertus lasciviusque nos, mihi veniam des, stupret?'

Patruus gluttivit. Haud tarde, 'Discedamus,' inquit, 'et cura ne articuli tui crepent.'

Hoc scilicet facto, non paulo post in nemus inspeximus, quo in ingens mulierem nudam considentem iuxta elephantum apprime pilosum ad eum mulgendum vidimus, neque postea anteaque aliquid aliud tam taetrum. Neuter igitur quidquam dixit antequam pedem referentes tramitem repetimus, deinde ambo iuraverimus ne alius alium de re commemoratus esset. Post, neque multo autem, speluncae aditum invenimus, quae habita videbatur.

'Ecce, Patrue mei, domum illam opinor esse gigantum. Introeamus si forte cella onerata penaria intus sit et nobis parare possimus.'

'Sed sapientissimi non est furtum facere.'

'Furtulum vero erit frustulum cibi gigantibus liberare. Quantum nobis parvis reficiat vix illa monstra probabiliter desiderent. Sed si velis fortasse hic relinquam ut tibi languenti requiescendum sit, noli movere, egomet procedam ad rem.'

Statim autem sequens dum ad speluncam celeriter properabam, 'Nolim,' inquit, 'te nimius fessum fieri, si forte ibi sit satis erit ut ad Iaponicam navigemus sine ventribus inanis.'

Conversus. 'Itaque,' inquam, 'dicis magnum furtum nobis fore debere?'

'Aut verba, aut verbera est e te, mi fili, nonne est? Quia filiae me miseret, minimum abest quin, nullo spatio intermisso, ad domum nos ire iubeam.'

'Iaponicae populi miseret me, quod invasurus es.'

'Quin taces?' Inquit ingressuri. 'Num vis gigantem dormientem terrere?'

Nullum ex iis autem intus statim vidimus, at contra copiam magnam casei et botulorum adesse mox, primo naribus, secundo occulis, sensimus.

Sed cum in eo summus ut corripiamus, ex ordino sonitum spumantis exaudimus nescio cuius bestiae, mirati tandem in tenebrosa parte perspicimus septum in quo infans gigantum stetit avide nos observans. Deinde, Patruus, studiosus cupidissimusque novi rei et scientiae augendae temere appropinquavit ad locum ubi ex improviso infans immensum manus porrigit, Patruum correptum, tamquam si pupa sit, eius caput in os endetulum inserit et sugit consuetudine infantis. Sine dubio quin suffocatus esset nisi cruris comprehensis eum litum cum saliva evellissem.

Vix vim aliquo reciperavit cum infans incipit lamentare, ille autem sollers indicat caseum et iubet id ad monstrum oblationi facere antequam mater clamore avocet, id quod quam celerrime ago.

Infante pacato, nos nullo verbo dato tantum cepimus quantum casei et botulorum potuimus, egressique per silvam nos redientes confugiebamus ad oram et naviculum, Patruus autem sudans spiritumque singultans aegre agens, inquit, 'Reliquum in gigantum caverna copiarum, Hanso iuvante, minutim ad navem nobis erit portandum.'

Cum tacui tum adnui ut ei morigerarer, quoniam

scivi aut eum senem gravius laborantem brevi animum dissoluturum, aut gigantes nobis cum rediremus insidiantes occursuros, cum sibi cibum adimisse intellexissent, quod si sic res acciderint, dum Patruum Hansumque ambos calcatos ad eos edendos gigantes morati essent, fore ut possem effugere et utique totum casei botulorum solus haberem.

Hansus, cum ad oram advenissemus, dixit se beatiorem carissimos amicos rursum videre, et gavisus est quod talia cupedia pro fera necata attulimus, tamen ratione nostra relata, id demonstravit ovorum magnorum acervum altum in nave sarta situm, explicans, 'Eis,' inquit, 'quae erant in nido collocata humi aedificato,' inquit, 'occurri dum per silvam, quod de vobis eram sollicitus, si forte vobis occurram, vadebam. Nonne satis suppeditavi earum, quae nos iter totum ad Iaponicam facientes sustineant?'

Patruus gaudens, 'Satis superque,' inquit, 'vero, optime.'

Clamans, 'Hanse,' inquam, 'nonne te matri alicui liberos auferendi pudet? Male, quin etiam ineffabile, factum.'

'Sic certe tu iudicas?'

'Iudico quidem.'

'Fiat. Ea referam.'

Patruus permotus, 'Mane dum,' inquit, 'Hanse, bone vir,' inquit, 'modo meliora verba considas. Mater enim permulta alia ova rursus parere potest. Praeterea, non tanti fore putet, ut opinor, tot liberos alere. Sane sibi magno oneri futurum est, et ob hoc, haud dubio an nobis gratias agat quod negotio liberata sit. Adde hoc quo, si aliqua ova fuerint nobis reliqua, Iaponica attacta, ea incolis vendere poteris. Tua ova, mi amice, tua pecunia.'

Hansus ad me conversus, 'Sed quid tu?' Inquit.

'Quid? Quo plus verborum huiusmodi audio, eo minus audiendi mea interest, vivendi etiam. Sed, tua opera, confitendum est vitam magis protracturam esse.'

'Perbene dixisti, mi fili,' inquit Patruus. 'Iam nihil nobis reliquit, quin nunc, et caesum botulosque in navicula ponamus et demum proficiscamur.'

Fatigatus, immo maximus languidus, cum Hanso remigare denuo coepi et inter paulum spatium navigabamus, cum tumulto clamatoque in oram mulier Gigas, clamans, bracchia ventilans, crines passim erecti, os ira ductum, e silva erupit et nos insectatur detestaturque.

'De aliquo illa commota videtur,' inquit Hansus. 'Cognoscisne, Domine, quid dicat?'

Prius autem quam Patruus responsum daret, avis ingens deformisque, sine pennis et longis dentibus praedita apparuit et in nos magnum odium indicavit. Ab monstris perterriti summus, dum intelleximus alteram natare, alteram volare non posse, neve utram insipientem, inparem quidem cancro, saxa iacere in animo habere. Deinde, antequam eas ex animis dimissimus, Hansus, 'Haec,' inquit, 'sunt quae circo plurimi vendemus.'

'Operae,' inquam, 'in hoc faciendum, non pretium erit. Nanos capere melius ducam, si nani praesto sint.'

'Contra, eos vendere minoris necesse est, amice.'

'Immo,' inquam, 'minimi enim aliquando maximi venerunt. Res etiam minores nanis.'

'Mane dum, quae minima sint de quibus dicis?'
requirit Hansus.

Patruus potente voce, 'Nolite garrire,' inquit,
'remigate.'

Sic nescio quem cursum tenentes, praeterquam
quod ad Iaponicem sperabat se perventurum Patruus,
in medium *Maris Saknussemmi et Lindeboki et Hansi*
navigavimus.

RECTI IN NAVE VECTI

Viginti diebus praetermissis et caseo botulisque fere consumptis qui tantam delectationem praeclaram ad palatum nostrorum intulerunt ut, in voluptate ut dicam immersi esse omnes, Patruus meus etiam, Iamponicam obliviscerentur, sed demum ventres mox in eo erant ut poscerent id quod non adesset et quia cruda ova edere noluimus, nostros animos in futurum de escae copiis advertimus, ex quo factum est ut rediremus unde venissemus, universi consentiremus, at singulis proprium consilium erat quomodo affatim cibum sapidissimum in navem referremus.

Hansus primus suadens, 'Egomet,' inquit, 'ubi reventum est, dum Deum nobis modo precemur ductum atque tutelam salvationemque gigantum interfectorum cavernam expugnare censeo.'

Haud displicuerunt verba omnibus, sed respiciens post spatium in hiis nos est affatus Patruus, 'Bonum, sed melius habeo quod eis studemus ut pacificare possimus et beneficia humanitatis mutare pro caseo botulisque, quod si noluerint, interficiendi illi Hanso.'

Ego deinde, 'Ante interficere immanem avem, aestimo, esse optimum, quam assam gigantibus pollicitemur, quo facto, ob amicitiam meritam partiendus esse cibus requiremus, quod si negaverint, interficere eos opportet Hansum, quamquam infans eorum conservatum, eruditum ut elefantos pilosos curet mulgeatque et servus obediens optime sustineat nos atque otio aptet.'

Patruus, propter ea in caverna facta, quae supra enarravimus, male in infantem inclinatus erat, 'Non possum,' inquit, 'eum esse, credere, quem subigere possimus nec nobis immane periculum sit, sed eo asso, satis habeamus donec nos ipsos docuimus pecudes recte tractare et botulos caseumque facere.'

Sed rem longius agebamus, nobis insciis naviculum a ventu mite promotum ad alteram insulam, tandem appropinquaverat, quod Hansus primus animadvertit, demonstravit, quae nos ab initio confudit quod nullum litus habet, ut enim cognovimus cum circum eam navigavissemus, atque ado illa in columnae forma est ficta tam alta ut caelo se adiungeret.

Patruus, cum haec conperisset, rei rationem redidit in his verbis. 'Haec est montis flammatis antiqui guttur itaque intus viam rectam esse ad Iaponicam ferentem existimo, quod autem nullae foveae in rupibus sunt, rogabitis, quidnam res nobis pertineat nisi inire possimus? Ecce, videtisne illam rimam per saxum actam? Qua in positurus sum rem a *Nobel* excogitatam, ut pacem coleret, qua maxime caute incensa, aditus quam celerrime excavatus.'

Patruus, nullo responso accepto, nos diregere navem iussit ad rimam, iuxta quam in aqua ea consedens dum is rem paratam ad saxum applicabat. Tandem Hansus mihi susurrans, 'Nonne delirat,' inquit, 'Dux, licet clarissimus sit?'

'Ab principio, mi amice.'

'Resne nostri, quam illac imponit, magno nobis, ut non iniuste forte opinor, detrimento fore potest?'

'Opinionem credo, tamen probabiliter erit nobis, aut mihi utique, optimum, nam, vitae me pertaedet, amice, cum nihil praeter caesum e lacte villosi elephanti factum et eorum carne botulos fartos iam diutius edissem, ni quid amplius praesigne sperare possim, sicuti hoc fatum perfacile accipiam. Non autem negare possum, haud in exigua parte culpa tibi ferenda quod mihi, qui illius dementiam repugnabam, tu taeter obstitisti quin ad domum eam.'

'O contumelium. In me sic dicis sine causa.'

'Quid?'

'Te numquam retineo, quamvis insanus sit. Sed nos, dummodo rem illius supersimmus, ad Iaponicam mox scandemus, quod si non vis, malis potius redire, potes enatare domum alium in acta extructum, secum habitatum, vitam novam actum, magnam avem assam pransum cottidie mane.'

'Immo, macrae manus factae, non sunt quantae quae me remigantibus cum iis procul per fluctus proferam, neque ex itinere omnino effetus haud satis rapuere e gigantibus possim ut fames agam, fetalia alia umquam videam. Utinam ovum coqui possimus, idcirco refectus spem habeam viventis, Patruum mori visurum. Sed opinor ex nobis eum ultimum ex nobis fore ut discedat, et verisimile fore puto me, antequam animam ebulliat, me peredere, fortasse te quoque lamentans circumrodet, ut autem vitam profanam etiam longius prolatet.'

'Tamen mori quam celerrime melius sit quam aegrotationibus confectis, cadaver tuum comedamus antequam obeamus. Nos propter facinus scelestum Deus aspernetur, at te sanctum excipiat, quod omnino nolo et Patruum hortabor ne.'

Sed Patruus ipse, cum nunc rem positam succendat, simul notet nos loqui neque observare, quando abeundum cognosceremus, exclamans. 'Quid est cur,' inquit, 'non remigatis strenuissime in alteram partem, cum hic manentes mox immo mox articulatim dispergamur?' Addit ubi etiam laborare incipimus, 'Languescentesne etiam nunc, molles mares?'

Incassum exhortatus est, antequam enim multo discessimus loco, res a *Nobel* excogitata maximo strepitu et maxime alacriter comburitur, quocirca infirma scopuli pars repentino subsedit in aquam evanescitque, et idem locus a saxo vacuus fieret et tenebrosus, in quem aquas statim inruunt tam celer ut, nos clamantes magnis vocibus, quamvis impense contra aestum nitamur, in cavernam occius invehimur, ubi, quia nullam videre possumus et aures nostras gurgitis aestuantis sonitus capit, permagum terrorem in nos inicitur, donec Patruus demum facem incendit et videri potest naviculum per directum cuniculum super aestuantem aquam sublevari atque nullum periculum nobis impraesentiarum imminere.

Causam rerum sic reddidit Patruus, 'Maris liquida inruens in gulam flammis, quae emergunt e terra infima, occurrerunt, commiscuerunt. Iam aqua adeo aestuat tumescitque ut magis et magis inflata nos sursum trudit et mox, ut praedixi, ad Iaponicam nobis venietur.'

'Si sic res se habet,' inquam, 'propono, modo de re inter nos congruamus, ut ovum unum statim coctum edamus, ne hospitibus, hominibus qui Iamponicam colunt, nos esurientes incommodemus. Hanse, id efficias, amabo.'

'Per me,' inquit Hansus, 'licet, certe, sed rogo quemadmodum ovum coquamus?'

Priusquam responderem, Patruus, ne Hansum ipsius tarditatis diu puderet, celer ovum in veste involutam in aestuantem aquam dimissit. Eum citius asparago coctum voramus.

Horas complures, vel dies praeterierunt antequam caelum per foramen conspeximus, tempestive, quandoquidem ultimum ovum modo consumpsimus. Tunc, ubi primum, id quod provisu opportunitatis avide expectabamus, naviculum in linea cum terra erat, exsilimus. Id autem paulo longius sublatum est donec aquae caldae frigido aere admixtae se contraxerunt ita ut navis in terram infernam esset remissa et perdita per reliquum temporis.

Hansus, vir stolidus, qui primus animum restituit, circumspiciens, 'Iaponica videtur,' inquit, 'mihi nullo modo diversa Islandia esse.'

Ego, 'Ecce,' inquit, 'Mons *Snaefellsus* haud procul est. Euge.'

Patruus, perlustrata terra, veritate verborum accepta, murmuravit 'Futue id.'

CONSILIA VESTRIS IPSIS BENEFICIIS

Patruus egoque, cum Reykavikae Hansus meritus esset quod de nobis pro lege deberemus potuimusque plus etiam promissimus missuros a Germaniam et gratas dedissemus atque urbem reliquissemus, Hamburgum ad domum demum redivimus, ubi famula erubescens nos docuit Graubena ad amicum meum, qui tabernarius venderet altiles, confugisse ad se ei maritandam. Ego perculsus sum, ille, in diversas abstractus erat, cum cara eius servata de me esset, tamen sibi vix melius erat, quod ad alium implicata est, neque igitur minus perdita, exinde ob contrarios sensus res lacrimae cum igne furiae permixtae erant sic ut ad nullum ambae redactae essent, sed, ad praesens, porro, nullo tempore trito, de rebus nostris gestis in media terra scribendis illi maximi intererat antequam Berlolinum se quam celerrime contulit ad has apud sapientissimos exponendas, itaque mature in bibliotheca se condidit ubi longius secum habebat, ego equidem hanc facultatem clam variis mercatoribus utendi ut gemmas servas maximi vendidissem rapui, sic magna pecunia praesenti me dito, quo facto, consilia, de quibus mox audies, capta, expectabam dum ille discessus Berlolino ad domum rediret et vitam aliter agere possem.

Quinque dies post profectus, bene mane in tablino sedenti occurri, animo dimisso quod nemo Berlolini unum eius vocabulum crederet.

'Sceleri quidem sunt,' Inquam, 'Patrue mi, neque

aliter putavissem, sed bonum animum habe, nam carbunculum rubrum minutum vendere poteris. Nonne laetandum est?'

Quae erat expectatio, tunc in me iram intendit, quod parvam faciet. 'Nihil quidem nobis, Puer, cum pecuniam ad Hansum, ut pollicitus sum, mittere debeo, verum non modo procul est ut augere possim tuum manupretium, sed etiam paucius habeo quam ut in futurum tibi quidquam appendere possim. Ad summum tempus est abire tibi ad stipendium merendum apud exercitum. Nisi, utique, magnum rem gerere mavis.'

'Magna res? Sub terra, nisi fallo?'

'Immo, in alteram partem viam, quam nemo dum est ingressus, patefacere potes, si velis.'

'Itane? Aures tibi laetus praebebo, Patrue. Quaeso, consilium promas.'

'Fortasse audisti Americanos quosdam ingens sclopetum machinari fabricareque, quo vir fortem, heroem videlicet in lunam emittere velint, sed hactenus nemini suadere posse ut iter faciat. Commentatoribus nuper cum litteris igitur proponam hortaborque ut homo ille sit tu.'

Diu non poteram loqui obstupefactus. Tandem, 'Quod scire velim hoc est, vulgivagus quidnam in noctiluna acturus sim?'

'Sunt multi sapientissimi qui caelum observant, qui perspicientes reppererunt rimas per lunae superficiem agere et praedico te in earum una explorata viam inventurum, quae ad mediam lunam ferat, ad locos, dicam, ubi caseus et botuli sapidiores erunt, fortasse.'

'Euge,' inquam. 'Valde illicior, non nego.

Propositum haud displicens mihi congruet dum sciam quemadmodum reditum mihi facturus.'

'Videntur Americani reditum herodis ii negligentes ordinare, quod si redire vis, promitto, quando ad lunam eiectus eris, me hortante, Americani alterius sclopeti partes in lunam eicient, atque instrumenta apparatique et scilicet quantitatemque pulveris pyrii quibus a te acceptis, nisi ab fragore prius diminuaris, altrum facias, quo utaris, si voles, ut temet ad nos remittas.'

Longius simulans sermonem graviter considere reputareque, cum deberem irriderem, tandem autem, 'Egregium quidem est istum,' inquam, 'omnino non respuo, nihilominus manere in hac orbe malo.'

'Quid est cur, quod habebitis ubi habites, et eris inclytus si illuc evolaveris, quodsi non, non, non. Alioquin, noli sollicitari, quod reditum tibi minister mei rursum eris, porro pecuniam commodam ut ad Americam, ubi videlicet sclopetum est, in nave non nimis sordi transveharis.'

Me plus deridere facilius sensi quam ego eum, simulatus, 'Probe dictum,' inquam, 'at exceptionem faciendam est, quod non diutius tibi morigerabor. Nihil enim moror consilia tua quia non est ex mea sententia ista pro meis rebus, quas ego divus iam cepi, substituere.'

'Quid tu? Divus? Mi fili, garris.'

Ego iratus, 'Experieris.'

'Tu insanus paupertatem experieris.'

'Contra in duas partes animum intendam ex quibus et magnifice lucrabor simul atque beneficiis quoque genus totum humanum afficiant.'

'Aine tu? Fiat,' inquit neque temperavit quin rideret. 'Sed quae sint consilia ostende et persuade, obsecro, haec bona fore.'

'Quin audi. In animo habeo et funda multa emere et officinas, in hiis belli permultos apparatos fabricentur. Ex illis, copiam magnam cibi productam multitudini vendam, qui effuse pariant et se sescenties reddant, exinde tot infesti, ut solet genus esse humanum, bellicosi sanguinariique gratulabuntur quod satis superque armarum, quae hiis vendam, habebunt ut inter se et proelia pugnasque innumerabiles exagitent et ingentem caedem edant. Iuvabo ambos sic exagitare, iuvabunt etiam, quod duas has homines potissimum ament, cum parire tum necare, dico. Animadverte utrumque mihi compensare. Cum Deus nec ego finxisset mortales, qui tam cupidi sint concidendi, interimendi, sauciandi, obtruncandi, exanimandi et cetera, nonne id est quod consentaneum est me ex utroque suavi negotio lucrari?'

'Puer, quae dementiae tibi vereor id excedis. O inhumanitatem. Verisimile tibi nullus medicus mentis consultare possit, atque certe insanior es quam ut umquam milites.'

'Unde talis simulatio in sapientissimo fit? Nonne *Sigmund Freud*, alius, ut fertur, sapientissimus, dixit se vix unum ex decima hominum aestimare nec flocci nec pili? Nonne iste praeclarus vir haud inaequalis ac me, qui autem tu numquam voces insanum, et perinde quidem ac me profatur: Quo plus eorum deleri, eo melius terrarum orbem fieri, dissimilis sum, verum est, quia mihi contigerit ut in eo re bona mei valdius augeam, quid peccati erit? Nonne idem est, quam legimus in bono libro? Ut Deus ipse: *Nolis, bone puer, domini tui talenta condere, potius amplia facias*?'

'Quid tu cum Deo, quem verbis tuis nuper respuat? Mentis medicum avocabo, qui non tibi medeatur sed testetur te dignum es qui in asylo detineatur.'

'Erras, Patrue, de Deo et de me, quod iudicibus potero demonstrare me sanum esse, nam insanus immo ego fuissem si gemmas ardentes non collegissem, ad quas, sine dubio, per venas terrae me Deus duxit. Deinde, ut observem concilia mea, quas gemmas complures nuper multa pro grandi pecunia vendidi, Deo ut opinor iuvante, atque ab advocatis conductis supernis exculpar, sed praeterea rem geram ne tibi rursum oboediam quod, nihili tu facias si me pauper fiam, pariter ac nihili ego te.'

Diffidens, 'Miror,' inquit, 'quod poteras noscitare gemmas ardentes, quandoquidem nullum studii scientiae saxosae umquam persecutus es.'

'Contra accurate perdidici quid pretii futurum esset, en.' Exprompsi unam.

Videre erat credere. Exclamans, 'Expeditionis sub terra,' inquit, 'Dux eram, igitur hanc pecuniam posco vindicaboque.'

'Ut dixisti Hanso, ova tua, pecunia tua, sic gemmae ardentes meae, item grandem pecuniam, non aliter augues. Obliviscerisne advocatos iam consului quo minus me petas?'

Patruus, praeter spem, cum furere putares, aequo animo, 'Nego,' inquit, 'me tecum lege acturum. Quare sic tempus tero, si humano melius prosum studia mea? Ut mittam quod nihil peius concidit stultissimo quam prosperrimus fit, itaque intra paucos menses, praeter quod praedicis, tu luxuriem colueris, pecuniam consumpseris ita ut, corpore corrupto, inter silentes te refereris, nisi, fortasse, me hortante ut mihi sapientissimo pecuniam des ut humanum beneficiis adficiam exaudieris et pecunias saltim participaveris. Reor tibi magno saluti fore.'

Ego ridens, 'Tribuam,' inquam, 'certe, aliquid, dummodo palatii mei cloacas tergere purgareque cottidie potes, nisi nimis manupretium roges.'

Patruus meus carus non iam se continet, furens rutabulum correptum prae se fert, intentus incipit me petere simul dicens, 'Caput aequabo cum pedibus.'

Antequam per fenestram discedo domo ad reliquam temporis, 'Doce,' inquam, 'Graubenam in lupanari me laetiorem quam cum ea uterer versari.'

FINIS

POST SCRIPTVM

Quem conduxi qui ad litteras mandaret historiam meam, is, *T. J. Price* nomine, librum edit, qui tam est mendosus, indigestus, quo et honestas mea et veritas ispsa adeo offensa ut nebulonem in cruce tollendum susciperem, at, licet et plagosus sim (nolim negare) et ille, in scriptis tam spurcificus, sit dignus, qui peius morte ferat aliquid, id quod est vivere apud asinos illos, dico, *Trudeau, Macron, Xi Jinping* et multos alios, quamquam minutos tamen probrosos, in omne loco, qui quidem in tegulis orbis terrarum stantes, rudentes nos despiciant, attamen, scriptor meus antequam demitto, fortasse putans aliter censeo, flagitavit in his verbis:

'Agedum, quid mereas ne coram iudices me in ius vocatum insecteris? Quid si, quid si, ego, cum argenta mihi desit, polliceor me in orem montis eructantis, *Snaefellsus* vocatur, me inserturum, eius gulam descendentem, Dii melius faxint, eam tam inlepide penetratam, ne pervellam ita ut ignem evomat, et, si modo non, me per medullam globi iter praeclarum instauraturum, per compluria millia passurum, dum siti fameque paene extinguar, usque ad smaragdi mare, ubi prius boletos magicos petiverim quam in navicula tua reperta ad insulam phthiri ingentis navigaturum, proelio cum eum tuatim facto, ad aliam litus liquidam viam concepturum, inde per magnorum fungorum silvam ad locos, ubi nudos homines praegrandes, pastores, qui pro ovibus elefantos pilosos

custodiant curentque, me facturum atque clam et
cervicem in periculo proferentem cavam intraturum ut
et caesum e lacto et farcimina e carne pilosorum
elefantorum facta surripiam furerque (neque
antequam exeam non poenas opilionum infans
terribilis det) quam dapsilem escam et saporis
praestantissimam mecum adportaturum ad te, licet
reditum e profundis aliter seligam. Num, quae res si
fuerint ita tibi non quadrabo?' Cum etiam tunc
tergiversarer, sed non omnino, is adiecit, 'Quod si, ad
has res factas, Patruum tuum adsecuturus, opportune
in angelum impello et alapam in caput infero?'

Continuo consensi. Nunc autem, dum ignavus
scaevusque mastigia sub terra in itinere adest et sine
dubio cum monstris in mari viride luctatur, ego caesi
et farciminum expectationem doloroso perpetior,
alium amanuensium iam conduxeram (qui incredibile
dictu habet idem nomen) qui tertiam libri editionem
peperit, quae parata est hac, quam editionem nunc
ipsam habes.

A. Lidenbockus
Eboraci Novi MMXXIII